9851

9851

Cydio'n dynn

CW01072289

Caerfyrddin
Carmarthenshire
County Council

LLYFRGELLOEDD CYHOEDDUS / PUBLIC LIBRARIES

Dyddiad dychwelyd		Date due back	

Awdur
Author

Enw
Title

CYDIO'N DYNN

Argraffiad cyntaf: Tachwedd 1997
ⓗ Hawlfraint Gerwyn Wiliams a'r Lolfa Cyf., 1997

Y dylunio a'r clawr: Marian Delyth

Rhif Llyfr Rhyngwladol: 0 86243 438 6

Argraffwyd a chyhoeddwyd yng Nghymru
gan Y Lolfa Cyf., Talybont, Ceredigion SY24 5AP;
e-bost ylolfa@ylolfa.com
y we www.ylolfa.com
ffôn (01970) 832 304
ffacs 832 782
isdn 832 813

CYDIO'N DYNN

Gerwyn Wiliams

i Marged Elen

a Sara Alis hefyd

Cydnabod a Diolch

Ymddangosodd rhai o'r cerddi hyn o'r blaen: 'Chwalu' a 'Pellhau' yn *Sbectol Inc* (gol. Eleri Elis Jones, 1995); 'Cynnydd', 'Dau Lun', a 'Grym' yn *Golwg;* 'Carcharor Blwydd Oed', 'Dysgu Byw', 'Siom', a 'Twristiaeth' yn *Taliesin;* 'Gair i Gall' yn *Yn Ogofâu Cân* (gol. Iwan Llwyd, 1995); a 'Dolenni' yn *Cyfansoddiadau a Beirniadaethau Eisteddfod Genedlaethol Nedd a'r Cyffiniau 1994.*

Diolch yn fawr: i'r Lolfa am eu gofal, yn enwedig Elena a Lefi; i Llion am ei gymorth a'i gyngor; ac i Marian Delyth am ei chreadigrwydd a'i sensitifrwydd.

Diolch hefyd i Golwg am ddefnyddio'r llun ar dudalen 21; Aled Jenkins am y llun ar dudalennau 32/33; a'r Associated Press am ddefnyddio'r lluniau ar dudalennau 37 a 39.

Cynnwys

canghennau coll

Er mwyn denig o dan draed Mam
arferiad ar fore Sul yng Nghricieth
fyddai ein hel ni allan am dro.
Ymhell uchlaw'r pwdin plwm o gastell
tramwyo droeon ar hyd y lôn ucha,
heibio Ty'n Rhos a Bryn Awelon am Lanstumdwy,
nes dod i'w nabod fel cefn llaw.
Weithiau tresmasai lefelwr mawr o gar
dros drothwy ein byd
a'n gwastatáu â'r cloddiau.
Cyn ein gadael drachefn
i ailgydio'n ein defodau cyfrin –
fel torri cangen oddi ar goeden
a warchodai'r fainc las
yn torheulo'n y clawdd dan faes y Steddfod.
Torri cangen, dadwisgo'i dail,
a'i gwthio fel cleddyf i wain
y rhedyn a'r dalan poethion a'r dail tafol
a dagai foncyff y sycamorwydden.
Defod anghyflawn, oherwydd pan ddychwelem,
er chwilio a chwalu bob gafael,
methem â dod o hyd i'n canghennau.
O! na ddysgasem bryd hynny
oferedd mynd yn ôl.

cyfanfyd

Arferem,
pan oedd y dyddiau'n dafellau melyn
a'n llygaid ar eu cythlwng
tu ôl i wydrau'r car,
gyrchu at ffwrn yr haul;
cythrai'r coed talach
eu gorau gwyrdd i'n goddiweddyd
ond diffygient bob gafael
ar ôl pasio'r tŷ-potel-inc
a chlosio at dwynni Berffro
lle lledai'r golau ar hyd y cloddiau
wrth inni lafoerio'r môr.

Anelem,
Incas bwced-a-rhaw,
dan halio ein gêr ar hyd y paith
er bod y cyrch weithiau'n gynhebrwng
drwy gorsydd yr aur.

A chyrhaeddem
y traeth lle roedd arwerthwr oriog
wrthi'n dragywydd
yn taenu a thywys yn ôl
garpedi goleuni'r heli
fel petai rhwng dau feddwl
eu gwerthu ai peidio,
a lle dadlwythwyd
rhesi hiraethus y cyrff
yn offrymau dan yr haul.

Yn y dyddiau melyn
teyrnasem mewn cyfanfyd
yn hamddenol dan yr haul.
Dyddiau melyn,
cyn i ddieithriaid
ffeindio'r lle.

dadlaith

Rwy'n siglo
yng nghrud yr alaw,
yng nghuriad cynhaliol y gân.
Yn sgrỳm y bar
ideolegau'n ymwthio,
theorïau'n gwrthdaro:
canllawiau gwêr rhyw yfory.
Rwy'n sadio.
A'r nodau ar beidio,
rwy'n syrthio
fel pluen eira:
yn gyfan,
yn berffaith,
yn dadlaith
dim ond iddi gyffwrdd
â haul meddiannol y llawr.

cael ail

Ei llyncu,
nes sylweddoli
nad oeddwn i
yn ddim ond ceiniog
mewn poced gefn
er mwyn tywys
i'w harffed
y jacpot.

chwalu

Sut alla'i?
Pan yw'r lanhawraig o haul
yn gwthio'i phenlinoedd
ar ôl cael jangl gyda'r lloer
yn ddiwahoddiad rhwng y llenni?
Pan yw caneuon serch
diplomataidd neithiwr
yn ymgasglu'n geg i gyd
er mwyn cael tystio
ger mainc y stereo?
Pan yw cydynnau dy wallt
yn mynnu glynu'n gyfeillion
rhwng dannedd fy nghrib,
yn selog hyd y diwedd?
Yng ngwrid y bore straellyd,
sut alla'i yn farnwrol
ddedfrydu
fod y cyfan,
fy nghariad,
ar ben?

16

pellhau

Erbyn hyn
mae'n bantomeim dy weld ar y stryd:
greddf yn f'annog i dorri gair,
arferiad yn fy hudo i gyffwrdd,
a phlismon o reswm yn dweud y drefn.
Yngan y cyfarchiad ystrydebol
a stumio'r wên blastig.
Ac yna ffurfioldeb
cynamserol y pellhau:
gorfod cefnu dan faglu
er mwyn cael cyrraedd
yr act nesaf.

Neu fel dau
yn taro ar ei gilydd
ynghanol tyrfa pêl-droed
ond cerrynt y dorf
yn eu hynysu,
eu hysgaru
cyn cael dweud dim o bwys,
a'r geiriau yn dalpiau
yn rhewgell y cof.

Pellhau heb oedi
i ymddiddori neu ymhelaethu.

Pellhau
am na chefnogwn mwyach
yr un tîm.

dysgu byw

Liw nos:
drama'r ddau ar ddechrau.

Taro'r naws â disgord
y caneuon roc diweddaraf,
dehonglwyr cryg eu perthynas.
Setlo wedyn am noswaith
ar serch sebon y sgrin,
tylinwyr eu teimladau.
Cyn gollwng llenni'r *finale*
ar oriau anniddig y sylwebu
cegrwth o'u seddau.
Yna'n yr egwyl
rhwng hanner nos a saith
mentro o'r diwedd
ar eu cynhyrchiad amatur eu hunain:
rheg a sgrech;
drysau'n slamio;
car yn tanio.
Gyda chaniad y llefrith
dychwelyd at werslyfr y radio,
theatr y teledu.

Gefn dydd golau:
cynulleidfa'r cymdogion
yn sibrwd o glydwch y pafin
eu bod nhw'n "dallt ei gilydd".

d i v a

O'r priffyrdd a'r caeau daw'r preiddiau,
ffoaduriaid yn chwilio am loches,
ac iddyn nhw, hi yw eu duwies
sy'n eu tywys at gorlan y llwyfan,
yn dadbacio'u hofnau crychlyd
ac yna, â'i llais, eu llyfnhau.
Swynion yw geiriau'i chaneuon,
i'w siantio i ymlid ysbrydion
a'u taenu yn falm dros amheuon.
Ar derfyn hwyr eu haddoliad
daw awr i ail-lwytho'u gêr,
ymwahanu drachefn dan y sêr,
a'u llwybr, tan y bore, yn glir.

grym

Hwn eiddil.

Hwn pwdwr.

Hwn lwynog i'r wasg

ar gyfrwy'r gorffennol.

Hwn dduw'r miliynau.

Hwn waedd y dorf.

Hwn,

mewn undod,

unwaith a'u daliodd

yng ngrym ei ddawn,

cyn chwalu

o'r sioe

yn rhacs.

21

Pwy wêl fai arno,

yn cilio'n reddfol rhag gilotîn fy rhaw

ac ymdoddi i'r ddaear drachefn?

Hawdd deall ei sgeptigiaeth,

y sbageti tryloyw

sy'n arnofio'n ddigoesau

i lawr lôn goch y pridd.

Mor gomig ei amddiffyniad pan gaiff ei ddaearu:

ymbelennu fel draenog

– wedi colli ei bigau!

Gwron di-asgwrn-cefn,

nid yr un yw amodau ei arwriaeth…

Pa ryfedd ei fod am herio

tynged sinicaidd ei enw –

cael ei nyddu ar fachyn

i dynnu cymrodyr o'u cynefin,

o dangnefedd y dŵr i olau dydd eu tranc?

Onid hwn yw halen y ddaear,

hwsmon yr encilion

sy'n hidlo'r tir a'i baratoi?

Mabolgampwr lastig,

diarhebol ei benderfyniad,

yn dal ati'n ffyddiog yn y tywyllwch islaw

yn nannedd y diolchgarwch angheuol uwchlaw.

cae golau

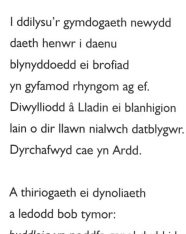

I ddilysu'r gymdogaeth newydd
daeth henwr i daenu
blynyddoedd ei brofiad
yn gyfamod rhyngom ag ef.
Diwylliodd â Lladin ei blanhigion
lain o dir llawn nialwch datblygwr.
Dyrchafwyd cae yn Ardd.

A thiriogaeth ei ddynoliaeth
a ledodd bob tymor:
buddleia yn noddfa ganol dydd i loynnod,
cotoneaster yn ffatri fêl i wenyn,
hosta yn bicnic gefn nos i falwod...
Eangfrydedd na welwyd mo'i debyg!
Ac nid ffrindiau tywydd teg
ond ffyddloniaid yn gwrthsefyll
eira, gwynt a glaw.

Er gwaetha'i theyrngarwch,
fe'i gadawsom.
Gadael gardd y bardd bach
cyn rhoi cyfle
i'n cyfeillgarwch fagu gwreiddiau.

23

y cilgwyn

'Meibion Glyndŵr' ym mhorth y llechi'n strempiau;
amrannau Eryri dan huwcyn yr ôd;
preiddiau crydcymalog, pyglyd eu cotiau:
Nomadiaid diloches, difwriad, di-nod.

Tyddynnod, olion beudái ar y llethrau
yn cydio'n ddiegni yn yr erwau llwm;
ystlumod anorchfygol – bagiau biniau
'n cyhwfan eu concwest o'r canghennau crwm.

Dau Shetland pendrwm mewn ffald oddi isod
yn cicio eu carnau, eu protest yn fud.
Gostyngaf fy llygaid: dymp ar y gwaelod,
lle cludaf, bnawn Sadwrn, fy ngweddillion drud.

Offrymaf fy ngharthion i'r ddau sydd wrthi
'n aros, boed haul neu ddrycin, i'w didoli.

Anah

Cemetare

yn gyfrwng

adnewyddu

ysbryd llawer

ac yn ysbrydoliaeth

I LOVE ANN

weithiau Kate Rober

o Rosgadfan 18

b a n a d l

Mai ansad sy'n ei bwrw oddi ar ei hechel:
nid *crescendo'n* camu'n urddasol i'w uchafbwynt
ond *cadenza* digymell na nodwyd mohono ar y sgôr
ac sy'n gadael gweddill y gerddorfa'n gegrwth.
Ffrwydrad, ffrwyth misoedd o gofio'r nodau,
tymhorau'n cyfri'r barrau ac ofni colli'r tempo
nes i'r cyfan fynd yn drech na hi –
methu dal, colli limpin,
mynd ati'n *furioso* melyn
i dynnu sylw ati'i hun.

Cymer fis iddi ddod at ei choed,
i gael gwared o holl egin ei baich,
ond bydd *solo* hunangar ei strancio,
alaw ddiferol ei brigau yn drobwynt,
fantasia sy'n cynhyrfu'r haf,
sioe na fydd hi yno ar ei chyfer,
wedi llithro'n llawn cywilydd i'r cefndir
ac ailddechrau cofnodi'r dyddiau.
Ond eto'n dawel ei meddwl
o wybod na fyddai'r perfformiad
rywsut yn gyflawn heb ei hymyrraeth seicotig.

dolenni

pentref

Cyrffiw fin nos:
y pentref byd-eang.

Dychwelodd yr haul llwynog
ers meitin i'w wâl;
daeth y lleuad cuwchdrwm
i blismona yn ei le.

Sgrech ar y stryd:
cloi'r llenni'n dynnach;
gwaedd drwy'r waliau:
chwyddo sain y stereo.

Gwisgwn amdanom yn ddefodol
wrthbanau'r papurau newyddion,
clytwaith y cyfarwyddiadau
sy'n sleifio'n ddi-feth
drwy'r drws bob bore.
Eu lapio amdanom
er mwyn ymlid
corwyntoedd amheuon draw.

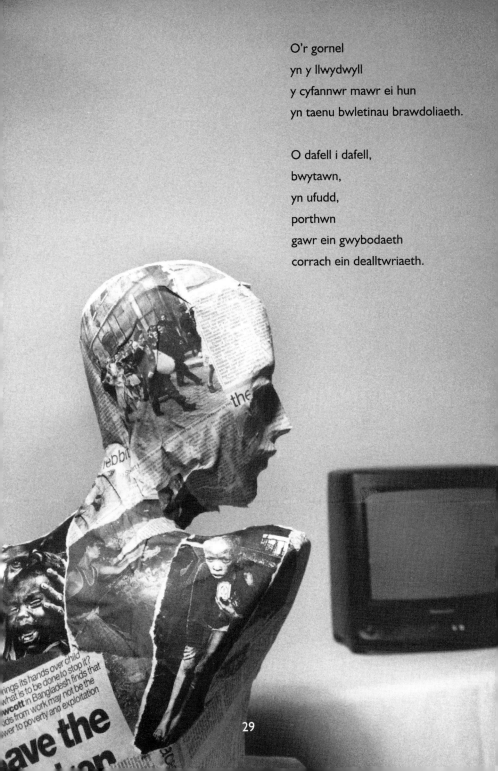

O'r gornel
yn y llwydwyll
y cyfannwr mawr ei hun
yn taenu bwletinau brawdoliaeth.

O dafell i dafell,
bwytawn,
yn ufudd,
porthwn
gawr ein gwybodaeth
corrach ein dealltwriaeth.

lockerbie

Hanner ffordd rhwng cwsg ac effro.
Ie, fel'na roedd hi.
Mewn hanner awr –
rhwng anthem nosweithiol Cwmderi
a larwm dihuno *Eastenders* –
cyrff yn pistyllio i'r llawr.

Roedd hi'n dirlun Dali arnom ninnau
yn mwytho'n hunllefau o flaen y sgrin –
fe'u plastrwyd yn garcas ar gynfas,
esgorodd ein geiriau ar gnawd:
ac wele,
foch oddi fry yn hedfan;
bu'n bwrw
hen wragedd a ffyn.

Fe'n daliwyd, am ennyd, drueiniaid,
ein dirnadaeth ar adain
wrth farcuta rhwng dau fyd.

30

Ond roedd car llusg y Nadolig
yn rhyw bêr dincial draw
ac ni pherthynai Lockerbie
i briffordd y trip.
Prun bynnag,
eira a weddai orau i'n gwibdaith,
nid glaw.

Felly'r noson annhymhorol honno,
be wnaethom ni wedyn,
ar ôl hyn?
Fawr ddim, am wn i.
Dim,
dim ond gwasgu y botwm
er mwyn diffodd y llun.

rhywle

Dim ond llun o
Bosnia neu Serbia,
un o'r enwau ecsotig
sy'n piriwetio i ganol
llwyfan y newyddion
pan yw blas y stori'n melysu:
lefelau'r colledion yn rocedu;
ymyrraeth yr *U.N.* yn methu.

("Ffrâm beic!")

Dim ond llun
o'r bychan egwan,
anghofiedig,
noeth a lloerig,
coesau matsys.

("Bwyta gwellt ei wely!")

Dim ond
llun i'w gartrefu
yn niddosrwydd ein trosiadau,
ei lapio mewn normalrwydd,
tra pery'r ddawns.

("Dip-stic!")

Dim
ond
llun.

harlem

Cefnu fin nos ar Harlem:
trwch ffenest-bỳs
rhyngom a'r stryd.

Dafliad bricsen
o faneri Rhyddid
a ffanffer Undod,
nid yw hon ar fap
nac yn nheithlyfr y twrist.
Trwy'i hanfodolaeth
triagla traffig Efrog Newydd
fymryn ynghynt.

Cofio yn y smwclaw —
y gyflwynwraig gartref.
Eitem ola'r newyddion,
chwistrelliad o gydwybod
cyn meddwad y Sul.
Hi a'n piciodd draw fan'ma,
i ganol y Problemau,
am gwta bum munud
cyn ein cludo'n ôl
mewn da bryd
ar gyfer y stop-tap.

Onid oedd ei dychymyg hithau
hefyd yn drên
ymhell cyn diwedd y stori:
y tacsi o'r stiwdio,
y cariad yn ei haros?
O leiaf
fe lanwodd slot.

Cefnu fin nos ar Harlem.
Diolch byth bod
trwch ffenest-bỳs
yn rhagfur
rhyngom a'r stryd.

baghdad

Maen nhw'n chwarae ping-pong
uwch Baghdad heno:
bomiau'n drybowndian
ar hyd byrddau'r nos.
Sbotleit yn tafellu'r tywyllwch,
goleuni'n gorlenwi cae'r gêm.

A'r sylwebyddion
o eisteddle'u myfyrdod
am ennyd yn ddieiriau.
Gwag yw tudalennau'r sgript
nes ymgyfarwyddo â'r rheolau,
ffyrnig bysgota am yr eirfa,
y bathiadau
i gwmpasu'r cyffroadau.

Yn ôl y bardd
mae 5 ffordd i ladd dyn.
Ni fachodd mo'r sleifar hon
â phlu ei ddychymyg:
nelu ffrwydron drwy gorn simdde
fel Santa siwpersonig
ac angau lond ei sach.

Cabolwn
fesul delwedd
gelfyddyd lladd.

5 way

I was gung-ho the whole way. It was kinda neat!
Another American fighter pilot

Q. Are you looking forward to doing it again?
A. Absolutely!
Another American fighter pilot

I feel like a young athlete after his first football match!
Another American fighter pilot

Edwin Brock

o kill a man

There are many cumbersome ways to kill a man ...

washington

Cofeb Vietnam:
cyrchfan eu galar nhw,
gyfarwyddwyr
yr epig orllewinol.

Doedd yno ddim
o fawredd Porth Menin,
mecaneg y biwglwyr am wyth
na'r henwyr medalog
yn dal i gofio.

Doedd yno ddim urddas:
ni allai Lincoln fan draw
o orsedd farmor ei weledigaethau
ddyrchafu ei lygaid
uwchlaw amaturiaeth y rhain:

bodio'r garreg
fel ceisio cyffroi cnawd;
codi enwau ar bapur;
gwthio torchau
eu blodau blêr
i'r hafnau rhwng y meini;
a'u gwarchae o gamerâu
yn coloneiddio'r lle.

Er gwaethaf daffodil Hooson
a grymai'n llawn cywilydd,
doedd a wnelo hyn
ddim â ni.

A'r dydd ar ddiffodd
digwydd syllu cyn cefnu
i ddyfnder di-grych y garreg
a sylwi arni hi yn dynesu
gan drechu'n hadlewyrchiad.

Hi,
fechan bitw,
noethlwm y llun
yn dal i gythru atom.
Ei chefn yn dapestri o napalm,
ei cheg-dymi'n geirio rhyw
"Mami!" neu "Dadi!"
ogofaol.

Hi,
drwy'r garreg,
yn ein cyrchu.

Hi,
fregus, ansylweddol,
drwy lifrai'n gwrthrychedd
yn ein gwanu,
yn nolenni dynoliaeth
yn ein maglu,
ac yn gomedd inni
breifateiddio galar.

39

dau lun

Ei phrynu fu'n hanes ninnau,
ein swfenîr o Vietnam,
model y llun cyntaf
yr amheuwyd ei gwedduster
i fyrddau brecwast y gorllewin,
er nad ymgynghorwyd â hithau chwaith
parthed priodoldeb
ei phlastro'n noeth-lymun-groen
ar hyd dalennau newyddion y cread.

Ni tharfodd ei phanig digymell
ar yr ail lun gorffenedig.
Ond pwy fyddai'n gomedd
i hon o bawb
yr hawl i osod ei phortread,
i gaboli llun ei goroesiad,
er iddo ddrysu terfynoldeb
ein casgliadau yn lân?

Ond gan nad gwellt mo'n cnawd
mae'i greithiau'n dal i brepian.
Canys cnawd yw cynnud y gwerthu
yn nhân yr hysbysebion,
yn glaerwyn dan drochion,
yn fahogani dan balmwydd.

Ac eto, yn ei llun
ni wêl hi ddim o hyn,

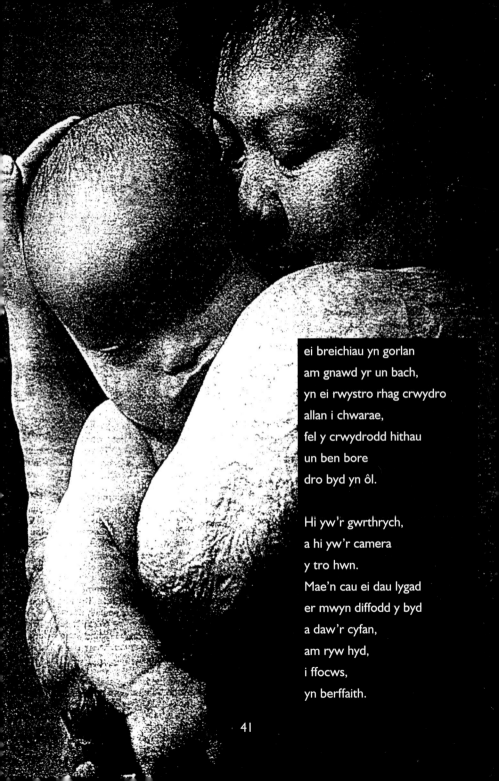

ei breichiau yn gorlan
am gnawd yr un bach,
yn ei rwystro rhag crwydro
allan i chwarae,
fel y crwydrodd hithau
un ben bore
dro byd yn ôl.

Hi yw'r gwrthrych,
a hi yw'r camera
y tro hwn.
Mae'n cau ei dau lygad
er mwyn diffodd y byd
a daw'r cyfan,
am ryw hyd,
i ffocws,
yn berffaith.

cynnydd

Yr oedd dinas
a gadwodd ei hwyneb o olwg y byd.
A'r byd a resynodd
at ddirgelwch ei chaethiwed
ac a ymgyrchodd i'w hymryddhau.
Ond pan droes hithau
ei golygon hygoelus i fyw llygad y byd
ac ildio iddo'i chyfrinach
i mewn i'w chynteddau â mawl
daeth *McDonald's* a *Benetton* a *Coke*.

Yr oedd dinas.
Mae bellach yn rhydd.
Yn rhydd i fod 'run fath.

tanddaearolion

Y nhw a fradychodd yr achos,
llygod mawr, straellyd, anghynnil.
Nid rhai cosmopolitan Rosenburg
a lithrai'n amhleidiol
o'r naill linell i'r llall.
Er y gallai fod yn rhyfel fan hyn,
petaem ni'n oedi i syllu'n rhy hir.
Gwisgo arfwisg unfathrwydd yw'r gamp,
cydsymud yn reddfol, brasgamu ymlaen.
Damia nhw'r tanddaearolion,
am amhuro rhesymeg y sioe,
ein gorfodi i edrych
i fyw llygaid pethau.
Fel Cariad neu Gasineb neu Ffydd,
a gadwn, fel arfer, o hyd braich,
er bodloni ar dalu tri-deg punt y tro
er mwyn cael eu gweld
yn dinoethi eu bloneg yn ddiembaras
ar lwyfan diogel y theatr.
A'r emosiynau heglog
wedi'u slotio'n eu sgwariau
wrth i'r cast ganu'n iach.
Y teimladau, sy'n iawn yn eu lle,
yr heidiem, yn chwilfrydig, i'w profi,
yn ysig am ryw alcemi coll.
Ond fel Sindyrs am hanner nos,
oni chwalwyd yr hud,
diffodd ein dynoliaeth,
wrth i'r difyrrwch ddod i ben?

O, roedd hi'n ddigon hawdd,

ar ddiwedd ewfforig y miwsical,

hwylio ar donnau'r alawon,

heibio i ddeiliad y palmentydd,

yn clwydo dan bapur newydd ddoe.

Cymharol hawdd troi cefn ar yr Iddew,

a baldaruai ei Hebraeg ar y platfform,

a dadelfennu'r concrid dan draed.

Anodd diystyru'r truan dall

yn chwilio â'i ffon wen am ganllaw.

Anoddach rhuthro heibio'r fam

yn begian ar waelod y grisiau,

ei babi anaemig yn abwyd i'n consýrn.

Ond fe fyddai yr ymgyrch wedi llwyddo.

Oni bai am y llygod diosgoi,

yn cnoi rhwng y cledrau

dan addewidion yr hysbysebion,

a ninnau'n aros am y trên gohiriedig

i'n cipio i dwnelau'r nos.

Isaac Rosenburg

day in the trenches

'The darkness crumbles away –
It is the same old druid time as ever'…

45

twristiaeth

Awstria: dyffryn: gwyrddni;
eglwys: bỳs: pobl;
tyrru: gwthio: cythru;
ffilmio: ffotograffio: cefnu;
gwyrddni: dyffryn: Awstria.

s i o m

Chwarter wedi wyth ar nos Sadwrn:
gweddw o beint ar ei hanner,
llond blwch o stympiau ffags,
a dau docyn loteri'n
ddwy belen o gynddaredd
oer ar y bwrdd.

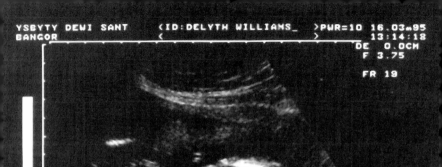

YSBYTY DEWI SANT
BANGOR
<ID:DELYTH WILLIAMS_ >PWR=10 16.03m95
< > 13:14:18
DE 0.0CM
F 3.75
FR 19
P 1
G 88
PE5
DR 55
EE 1
DE 14.6CM

calon

Ofni anadlu
rhag sathru ar dy gwsg,
nes derbyn arweiniad
naturiaethwr doeth y sganiwr,
a ddatguddiodd dy ddirgelwch
yn nythle'r groth.
Anadlu'n rhydd
o wybod dy fod yn saff.
Ninnau'r anghredinwyr,
prin y coeliem dy fod yno
nes darganfod yn y fagddu
symudiad:
fel genau yn llepian,
fel llygad yn wincio,
fel dwrn yn ymagor.
Ac eto'n ddim
ond smotyn o galon
sy'n tyfu,
fesul curiad,
ac sy'n dyfod,
bob gafael,
yn nes.

c â n

Dy gân di yw hon
a'i nodau sy'n dy fwydo,
yn ymchwyddo dro,
chwarae mig bryd arall.
Dy gân di yw hon,
minnau'n ddi-rym
a'm bysedd yn llygaid sâl:
amatur yw'r crebwyll –
y *diva* biau'r gân.
Ac yn yr awditoriwm
dim ond ti sy'n hawlio'r sioe,
yn cyfansoddi a datgan ac arwain,
yn cyflwyno'r gelfyddyd eithaf
heb arni straen y paratoi.
Dy gân di yw hon:
dy gynulleidfa wyf i,
un undyn, werdd,
sy'n gwrando'r *aria*,
cymeradwyo'n gegrwth,
a breuddwydio am gael chwarae'r brif ran.
Oherwydd dim ond ti biau'r gân,
fy nghâr,
dy gân di yw hon.
Ie, dy gân di yw hon.

alcemi

Tri bwnsiad blodau mewn ffiol.

Trindod wrthwynebus
ym melyn, coch a glas eu lifrai,
yn filwrol o gaeth i'r drefn.
Nes i ti eu rhyddhau
drwy lacio clymau eu gwahanrwydd,
tylino tyndra'r coesau,
eu hasio mewn trefniant newydd,
gan greu o'r gwrthnysedd undod.

Goleuni'n diferu rhwng petalau.

twyllwyr

Gyda'r nos yw d'amser chwarae,
dy gampau ar gychwyn
yn nant y groth.
Bysgodyn anweledig
sy'n mynnu'r llaw uchaf,
yn mynd trwy dy bethau
i gynulleidfa o ddau,
fe ddathlwn dy driciau,
yn betrus,
rhag dy darfu,
a dyheu yr un pryd
am weld diwedd y gêm.

Tithau'n dal ati
i ddowcio'n dy ryddid,
heb wybod am ei derfyn
cyn cael cyfle i'w ddallt:
ar ddiwedd dy nawmis
ni fydd afon iti'n wobr
ond nyth a ddodrefnir
â thrugareddau'n serch.

Ac fe godwn bob blwyddyn
ei waliau yn uwch,
eu hatgyfnerthu bob cyfle
i bara am byth.

Tra'n gwybod ar hyd y bedlan
mai greddf adar yw hedfan.

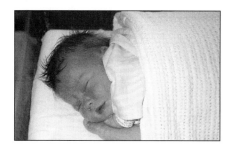

a d d u n e d

Oherwydd dy ddodi'n fy mreichiau,
yn amddifad 'rôl magwrfa'r groth;

oherwydd dy wythbwys mewn clorian,
tunnell o gyfrifoldeb mewn côl;

oherwydd i'th lygaid daflunio
brysnegeseuon cudd rhyngom ni;

oherwydd iti blethu dy ddwylaw
fel adyn yn erfyn maddeuant;

oherwydd hyn oll, Marged Elen,
seiren wyt ti sy'n fflachio'n fy mhen,

fy ambiwlans ar alwad barhaus,
boed derfysg, boed hindda, boed eira,

o fore gwyn tan gefn trymedd nos
yn aros, i'th ymgeleddu di.

chwarae'r gêm

Diseremoni ddigon dy gyrraedd,
ond pa hawl gennym fynnu rhwyddineb
gan nad oedwyd erioed i dy holi
a ddymunet ti ddyfod i'n plith?
Dy dro di yw mynnu gennym ni nawr
chwarae'r gêm yn ôl dy reolau di.

A chan hynny:
ar grefft gyfrin gwyntio
daethom yn arbenigwyr dros nos,
yn ddiagnoswyr o fri ar grio,
yn fesuryddion ffid a newidwyr clytiau,
yn giamstars ar amseru prydau bwyd
yn ôl mympwy cloc wyth pwys a hanner
sy'n slofi a chyflymu bob yn ail;
ac yng nghaddug yr oriau mân
baglu ar draws amseroedd,
tiroedd na wyddem eu bod ar fap.

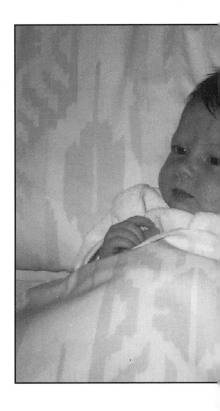

Ffrwyth rhagdybiaeth ein cariad,
ai lleddfu cydwybod yw hyn,
rhag ofn, ryw ddiwrnod, fel Larkin,
iti ddannod i ni'n dau dy greu?

haul a daear

Anghyflawn fyddai'r tywyllwch
heb guriad ei hanadliadau
ar uchelseinydd y monitor,
ac nid radio na phostmon
mo'n ceiliog plygeiniol
ond perfformwraig yn ei chlytiau
yn chwerthin ar linellau'i sioe –
a dim ond y hi yn deall y sgript.
Ac wrth ymestyn dros furiau'i chrud,
fel dau haul yn cyhoeddi'r dydd,
ei hwyneb sy'n ymagor yn wenau,
petalau sy'n gorfodi pobl i wirioni,
i'r rhew sy'n dalpiau rhyngddynt feirioli …

Ond petaem ni, am eiliad, yn aros
i durio at wreiddyn ein byd,
tybed na chanfyddem bryd hynny
mai y ni yw'r daearolion llwyd
sy'n cylchu, sy'n cyrchu ei heulwen hi?

gair i gall

Gwylia di'r bychan

wrth gydio'n y bysedd

sy'n hofran heddiw uwch dy grud;

gochela'r pawennau

fydd fory am dy halio

gerfydd eu rhagfarnau

drwy ddrysfa profiadau

hyn o fyd.

chwyldroi'r drefn

Tir diarth yw tŷ gefn nos,
ei dawelwch sy'n amgueddfaol.

Nid bod hynny'n rhwystr i ti
sy'n chwalu oriau agor swyddogol
â direidi dy chwerthin
am ben digrifwch y düwch,
sy'n animeiddio'r llonyddwch.
A daw'r gwasanaeth arlwyo
am dri o'r gloch anundebol
â brecwast mewn potel i radical gegrwth
a dywysir o gwmpas ei thedis pendrwm
dan weiddi'n ddireolaeth ei chymeradwyaeth
a waltsio yng ngolau'r lleuad ddigynnwrf.

Flodeuwedd fechan y nos,
rhy barod yw'r dydd sy'n dy aros
i derfynu teyrnasiad y tywyllwch,
i'w lanhau o'i holl fwganod,
i ffurfioli ei ryfeddod.

Tra confensiynau sy'n ymfyddino
derbyniwn yn ddiamod delerau dy chwyldro.

dwylo

Weithiau, dy ddal yn darllen
eu cledrau a'u cefnau am yn ail,
yn union fel petai ti'n rhyfeddu
dy fod yn meddu ar ddwylo o gwbl.
Ond beth am ddiben yr archwilio,
y llythrennedd cynnar hwn?
Siecio'u glendid cyn pryd bwyd?
Gwneud yn saff eu bod yn gyfan?
Edmygu perffeithrwydd y gwinedd?
Neu ai anian dynes-dweud-ffortiwn
sy'n chwilio llwybrau dy wythiennau
am arwyddbyst cynamserol i'th gyfeirio
at lonydd diarth dy ddyfodol?

p w l l

"Dy dro cynta'n y dŵr!" rhagdybiem ni,
ond wrth iti lifo i'w ganol mor ddi-stŵr
sylweddoli dy fod yn ôl yn dy elfen.
Ac yn llathenni tryloyw ei lesni
a gyflenwyd gan gronfeydd dy lygaid,
gwyddem ein dau pwy oedd yn iawn:
rhwng ei ffiniau cymesur
gallu canlyn ein camau'n eglur,
teimlo'r llawr dan ein gwadnau,
yr awyr yn ddigwmwl uwch ein pennau.

Wedi profi doethineb y dŵr
sy'n cynnwys, yn cynnal, yn cario,
pa ryfedd iti wedyn strancio,
cicio wrth ddyfod ohono?
Ar ôl ymdrochi'n ei resymeg,
arnofio'n gytbwys yn ei synnwyr,
oni fyddai'n dda gennym ninnau
gael yr awr wedi'i chostrelu?
Ond, a'r dŵr yn prysur oeri
ac amser cau'n nesáu,
doedd dim dewis ond codi ohono,
dychwelyd i'r stafell wisgo,
yn ddiamddiffyn o lân.

gafael a gollwng

"Dal dy lwy, dal dy fowlen,
dal dy gwpan – fel hyn!":
y gwersi sy'n cael eu cynnal
o gwmpas desg y bwrdd bwyd.
Ac rwyt tithau dan chwerthin
yn dilyn ein harweiniad,
y cyfarwyddyd i feddiannu,
heb gwestiynu'n cywirdeb.

Ond – hen hanes – mynnu myrryd:
wythnosau cyn iti gropian,
aildrefnu'r amserlen,
cyn hyd yn oed gael dy siarsio:
"Dal fy llaw a phaid â'i gollwng!",
gollwng gafael mewn meithrinfa
dan lafarganu "Mi wneith les iddi".

A ddoi di rywdro i ddirnad
amherffeithrwydd ein dysg,
anghysonderau'n chwarae?
Deall bywyd fel llygad y dydd
y pliciwn yn niwrotig ei betalau,
eu pigo yn ôl ein mympwy:
"Gafael, gollwng; gafael, gollwng…"?

Blingo'r blodyn nes cyrraedd y bonyn.

ffensio

Llawr dy lofft yw trothwy dy ddyfodol:
ninnau'n dy annog i'w goncro wysg dy fol:

tu hwnt i'r ddoli sy'n gwarchod drws dy stafell
a'r hofrennydd o chwadan sy'n siglo uwch dy ben,
uwchlaw Wyddfa'r wardrob a'r tedis ar ei chopa,
uwchlaw ac ymhellach – boed dy siwrne'n ddi-droi'n-ôl.

Ond mae'r ymgyrch filwrol i'th amddiffyn yn dwysáu:
estyn am giatiau er mwyn ffensio'r grisiau,
cau'r bwlch rhwng y soffa a drws y lolfa…

Mae rhyddid o fewn cyrraedd, ond nid heb ei ffiniau.

carcharor blwydd oed

Dan glo tu ôl i farrau
dy gawell o drugareddau,
yn cropian am oriadau'r geiriau
er mwyn datgloi drysau
ein byd mawr pren.

cydio'n dynn

Mor hawdd ei marwnadu,
'run fach ar draeth yn fferru

ar drothwy Awst dy eni,
a chdithau'n ddyflwydd 'leni.

Mor hawdd byseddu'r geiriau,
gwasgu ohonynt ddagrau.

Mor hawdd … Rhy hawdd yw imi
elwa ar ei thrallod hi.

Ond hi yw'r newydd nad yw'n dyddio,
wyneb seithmlwydd sy'n gwrthod cilio…

Ni allaf, wrth feddwl amdani hi,
ond cydio yn dynnach amdanat ti.

biopic amhosib

Diogelais yn ddefodol ar dapiau
uchafbwyntiau yn epig dy ddatblygiad,
ond fesul eiliadau daw'r golygfeydd byrfyfyr –
gwên ry ddigymell i'w hailchwarae,
ystum rhy gynnil i'w fferru,
anadliad rhy gyfrwys i'w ddal –
fel dy fod ti – yr hen gena smala –
er gofid i gynhyrchydd tra chydwybodol,
yn drech na'r un camera fideo.

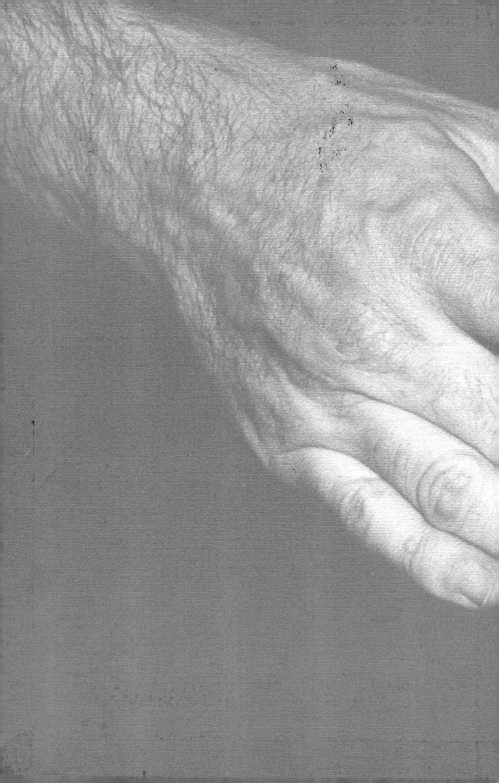